Algot Ohlsson's Secret: Bilingual Swedish-English Stories For Swedish Language Learners

Pomme Bilingual

Published by Pomme Bilingual, 2024.

ALGOT OHLSSON'S SECRET: BILINGUAL SWEDISH-ENGLISH STORIES FOR SWEDISH LANGUAGE LEARNERS

First edition. July 11, 2024.

Copyright © 2024 Pomme Bilingual.

ISBN: 979-8224860654

Written by Pomme Bilingual.

Table of Contents

Vägen till Klockstapeln

I den lilla staden Alingsund, där tiden verkade stå stilla och de flesta invånare kände varandra, bodde en man vid namn Gustaf Almqvist. Gustaf var en pensionerad skollärare med en förkärlek för gamla klockor och en förmåga att lösa mysterier, om så bara i hans eget lilla samhälle.

Varje morgon promenerade Gustaf nerför de krokiga gatorna i Alingsund, alltid med ett leende på läpparna och en lätt krum rygg som vittnade om hans många år av lärande och undervisning. Han hade ett särskilt intresse för stadens gamla klockstapel, en mäktig struktur som hade stått där i mer än ett sekel, och som, trots sin betydelse, var i stort behov av renovering.

Denna morgon var annorlunda. När Gustaf passerade den gamla klockstapeln, lade han märke till att klockan inte tickade som vanligt. Istället verkade den ha stannat, och det fanns något konstigt med den nya, gyllene inskriptionen på dess bas. Gustaf lutade sig fram för att läsa den:

"För evigt stannad tills sanningen är avslöjad."

Förvirrad men nyfiken beslutade Gustaf sig för att undersöka saken närmare. Han besökte stadens historiska arkiv, som hans vän Emma Fahlström, bibliotekarien, hade hjälpt till att organisera för många år sedan. Emma var en kvinna med en briljant hjärna och ett hjärta stort nog att inkludera alla Alingsunds invånare som en del av hennes stora familj.

"Emma, har du sett det som hänt med klockan?" frågade Gustaf när han kom in på biblioteket.

"Ja, jag har sett det," svarade Emma. "Det är verkligen märkligt. Jag har försökt hitta några ledtrådar, men det verkar som om klockan inte är den enda som är i kris. Jag hörde något om en gammal familjehemlighet som går tillbaka till den tid då klockstapeln byggdes."

Tillsammans började Gustaf och Emma att gräva i stadens historia. De upptäckte att klockstapeln hade byggts som en del av en gåta som den ursprungliga byggmästaren, Erik Svensson, hade lämnat efter sig. Erik hade försvunnit spårlöst för nästan hundra år sedan, och ingen visste varför. Flera invånare trodde att hans mystiska försvinnande hade något att göra med en gammal förmögenhet som aldrig hade hittats.

Gustaf och Emma grävde igenom gamla tidningsartiklar och dokument, som visade sig vara fyllda med referenser till ett skumt affärsprojekt och en hemlig kärlekshistoria. En gammal dagbok från en kvinna vid namn Ingrid Lindström avslöjade att Erik hade haft en oskyddad affär med Ingrid, och att deras kärlek var föremål för mycket spekulation och skvaller i staden.

Medan Gustaf och Emma fortsatte sin undersökning, började det komma fram att den gyllene inskriptionen på klockstapeln kanske inte bara var ett meddelande utan en del av en större plan. Det visade sig att den ursprungliga byggmästaren hade lämnat en serie gåtor som skulle leda till en försvunnen skatt.

Med hjälp av en gammal karta som de hittade i arkivet och några gamla ledtrådar, började Gustaf och Emma att följa spåren. De tillbringade många dagar på att utforska stadens mörka hörn och dolda rum, och snart insåg de att klockstapeln kanske inte bara var en byggnad, utan en nyckel till att förstå det förflutna och de hemligheter som hade gömts under så många år.

Efter mycket slit och möda upptäckte de en gammal kista som hade legat begravd under klockstapeln. Inuti kistan fanns gamla dokument, brev och en liten men dyrbar samling av smycken som hade tillhört Erik och Ingrid. Dokumenten avslöjade att Erik hade försvunnit av en anledning som inte hade något att göra med en förmögenhet utan att han hade gått under jorden för att skydda Ingrid från ett hotande farligt element.

När klockan i klockstapeln återigen började ticka, var det som om hela staden andades ut en suck av lättnad. Gustaf och Emma hade inte bara löst mysteriet om klockstapeln, utan också återskapat en del av stadens glömda historia. De återlämnade skatterna till Ingrid Lindströms ättlingar och såg till att deras historia fick ett värdigt avslut.

Staden Alingsund återgick till sin lugna rytm, men nu med en ny uppskattning för sina gamla traditioner och sin historia. Gustaf och Emma fortsatte att njuta av sina dagar, medvetna om att deras arbete hade bidragit till att bevara stadens själ och det förflutna som för alltid skulle vara en del av dess framtid.

The Path to the Clock Tower

In the small town of Alingsund, where time seemed to stand still and most inhabitants knew each other, lived a man named Gustaf Almqvist. Gustaf was a retired schoolteacher with a fondness for old clocks and a knack for solving mysteries, albeit only within his own little community.

Every morning, Gustaf would walk down the winding streets of Alingsund, always with a smile on his face and a slightly stooped back that spoke of his many years of learning and teaching. He had a particular interest in the town's old clock tower, a majestic structure that had stood there for over a century and was, despite its significance, in great need of restoration.

This morning was different. As Gustaf passed by the old clock tower, he noticed that the clock was not ticking as usual. Instead, it seemed to have stopped, and there was something odd about the new golden inscription at its base. Gustaf leaned in to read it:

"Forever stopped until the truth is revealed."

Confused but curious, Gustaf decided to investigate further. He visited the town's historical archives, which his friend Emma Fahlström, the librarian, had helped organize many years ago. Emma was a woman with a brilliant mind and a heart large enough to include all the inhabitants of Alingsund as part of her extended family.

"Emma, have you seen what's happened to the clock?" Gustaf asked as he walked into the library.

"Yes, I've seen it," Emma replied. "It's really peculiar. I've tried to find some clues, but it seems the clock isn't the only thing in crisis. I heard something about an old family secret going back to the time when the clock tower was built."

Together, Gustaf and Emma began to dig into the town's history. They discovered that the clock tower had been built as part of a puzzle left behind by the original builder, Erik Svensson. Erik had disappeared without a trace almost a hundred years ago, and no one knew why. Several townspeople believed his mysterious disappearance had something to do with a long-lost fortune.

Gustaf and Emma delved into old newspaper articles and documents, which turned out to be filled with references to a shady business venture and a secret love affair. An old diary from a woman named Ingrid Lindström revealed that Erik had had an unprotected affair with Ingrid, and their love was the subject of much speculation and gossip in town.

As Gustaf and Emma continued their investigation, it became apparent that the golden inscription on the clock tower might not just be a message but part of a larger plan. It turned out that the original builder had left a series of riddles that would lead to a hidden treasure.

With the help of an old map they found in the archive and some ancient clues, Gustaf and Emma began to follow the trail. They spent many days exploring the town's dark corners and hidden rooms, and soon realized that the clock tower might not just be a building but a key to understanding the past and the secrets that had been hidden for so many years.

After much effort, they discovered an old chest buried beneath the clock tower. Inside the chest were old documents, letters, and a small but valuable collection of jewelry that had belonged to Erik and Ingrid. The documents revealed that Erik had disappeared not for a fortune but to go underground to protect Ingrid from a threatening danger.

When the clock in the clock tower began ticking again, it was as if the entire town sighed in relief. Gustaf and Emma had not only solved the mystery of the clock tower but had also restored a part of the town's forgotten history. They returned the treasures to Ingrid Lindström's descendants and ensured that their story had a worthy conclusion.

The town of Alingsund returned to its peaceful rhythm, now with a new appreciation for its old traditions and history. Gustaf and Emma continued to enjoy their days, knowing that their work had helped preserve the town's soul and the past that would forever be part of its future.

Blommornas Hemlighet

I den lilla staden Sundbyholm, som låg vid foten av en gammal, knölig kulle, fanns det en blomsterbutik som var känd för sin unika charm och sina oemotståndliga buketter. Butiken hette "Blommornas Hemlighet", och ägdes av den vänliga och något excentriska floristen Alma Dahlström. Alma var en kvinna i sina sextioårsåldern med ett hjärta som var lika färgstarkt som hennes blommor. Hennes grå hår var alltid uppsatt i en elegant knut, och hon hade en förmåga att tala om blommor som om de vore gamla vänner.

Varje morgon, innan solen hade hunnit stiga över kullens kant, kunde man se Alma stå vid sin arbetsbänk, där hon med varsamma händer arrangerade blommor av alla sorter – rosor, liljor, orkidéer och tulpaner. Hennes butik var en oas av färg och doft, en plats där stadens invånare sökte tröst, glädje och ibland bara en stunds ro.

Denna dag var särskilt förväntansfull. Alma hade fått ett brev från en gammal vän, Ingrid Sjöberg, som bodde i en annan stad och som hade bett Alma att förbereda en speciell bukett till en kommande fest. Ingrid och Alma hade gått i skolan tillsammans och delat många stunder av skratt och sorg, men de hade inte setts på flera år. Brevet var fyllt med nostalgiska minnen och ett särskilt önskemål: en bukett som skulle återkalla deras ungdomstid och de blommor som var populära då.

Alma satte igång med sitt arbete, och medan hon sorterade och valde ut blommor, började hon minnas deras gemensamma tid. Hon mindes särskilt en särskild kväll när de två vännerna hade besökt en gammal trädgård, som var fylld med blommor och hemligheter. Denna trädgård hade sedan dess stått i Alma's minne som en plats full av magi och mystik.

Medan Alma arbetade, märkte hon att något var märkligt med en av de rosor hon hade valt. Den hade en ovanlig färg och ett mönster som såg nästan ut som en gammal karta. Först trodde Alma att det bara var en inbillning, men när hon vände på rosen, såg hon en liten, nästan osynlig inskription som såg ut att vara en del av blommans struktur.

Nyfiken och något förvånad bestämde Alma sig för att undersöka rosen närmare. Hon tog en paus från sin bukett och började studera den under sitt förstoringsglas. Till hennes förvåning verkade inskriptionen vara en del av en gammal kod eller ett meddelande.

Alma visste att hon behövde hjälp med att lösa denna gåta. Hon kontaktade sin gamla vän Ingrid, som var känd för sin kunskap om antika texter och koder. Ingrid, som hade blivit en framstående historiker, svarade snart med ett entusiastiskt meddelande och lovade att hjälpa Alma att dechiffrera inskriptionen.

Under de följande veckorna utbytte Alma och Ingrid många brev och telefonsamtal. Tillsammans började de lösa den gåta som rosens inskription verkade innebära. De upptäckte att meddelandet var en del av en gammal historia som involverade en berömd botaniker från 1800-talet som hade gömt en hemlighet i sin trädgård. Historien berättade om en försvunnen samling av sällsynta blommor som hade haft en speciell betydelse för botanikerna och deras arbete.

För att komma till botten med mysteriet, behövde Alma och Ingrid åka tillbaka till den gamla trädgården de en gång hade besökt. Alma organiserade en resa och när hon och Ingrid anlände, var trädgården fortfarande lika förtrollande som de mindes den – fylld med lummiga buskar, gamla träd och blommor i alla färger.

De började leta efter ledtrådar i trädgården. Alma kände sig som om hon hade blivit transporterad tillbaka till sin ungdom, när varje hörn och varje blomma verkade bära på ett mysterium. Det dröjde inte länge innan de upptäckte en gammal, täckt brunn mitt i trädgården. Försiktigt lyfte de på brunnens täckelset och fann en gammal kista som var nästan i perfekt skick.

När de öppnade kistan, fann de en samling av sällsynta blommor som var precis de som botanikerna hade beskrivit i sina skrifter. Tillsammans med blommorna fanns en dagbok som tillhörde botanikerna. Dagboken avslöjade att dessa blommor var tänkta som en gåva till framtiden, en symbol för kunskap och skönhet som skulle vara bevarad för kommande generationer.

Med denna nya kunskap återvände Alma och Ingrid till Sundbyholm och började planera för hur de skulle återföra dessa blommor till sitt rätta sammanhang. De ordnade en utställning på Alma's blomsterbutik, där de visade upp de sällsynta blommorna tillsammans med en berättelse om deras historia.

Utställningen blev en stor succé och drog besökare från hela regionen, som kom för att se de speciella blommorna och höra berättelsen om deras upptäckte hemligheter.

Blommornas Hemlighet blev mer än bara en butik; det blev en plats för gemenskap och lärande, där människor kunde komma för att beundra skönheten i naturen och lära sig om historien som gömmer sig bakom varje blomma. Alma och Ingrid blev återigen nära vänner, förenade av deras gemensamma passion för blommor och mysterier.

Sundbyholm fortsatte att vara en plats där tiden tycktes stå stilla, men nu med en extra dimension av magi och förundran, tack vare Alma's oförtrutna arbete och den hemlighet som hade kommit fram genom en enkel ros.

The Secret of the Flowers

In the small town of Sundbyholm, nestled at the base of an old, knobby hill, there was a flower shop renowned for its unique charm and irresistible bouquets. The shop was called "The Secret of the Flowers" and was owned by the kind and somewhat eccentric florist Alma Dahlström. Alma was a woman in her sixties with a heart as colorful as her flowers. Her gray hair was always arranged in an elegant bun, and she had a way of speaking about flowers as if they were old friends.

Every morning, before the sun had risen over the hill's edge, Alma could be seen at her workbench, where she carefully arranged flowers of all kinds – roses, lilies, orchids, and tulips. Her shop was an oasis of color and scent, a place where the townspeople sought comfort, joy, and sometimes just a moment of peace.

This particular day was especially anticipated. Alma had received a letter from an old friend, Ingrid Sjöberg, who lived in another city and had asked Alma to prepare a special bouquet for an upcoming celebration. Ingrid and Alma had gone to school together and shared many moments of laughter and sorrow, but they hadn't seen each other for several years. The letter was filled with nostalgic memories and a special request: a bouquet that would evoke their youth and the flowers that were popular back then.

Alma set to work, and as she sorted and selected flowers, she began to remember their shared time. She particularly recalled a special evening when the two friends had visited an old garden, which was filled with flowers and secrets. This garden had since remained in Alma's memory as a place full of magic and mystery.

As Alma worked, she noticed something peculiar about one of the roses she had chosen. It had an unusual color and a pattern that looked almost like an old map. At first, Alma thought it was just her imagination, but when she turned the rose over, she saw a small, nearly invisible inscription that seemed to be part of the flower's structure.

Curious and somewhat astonished, Alma decided to investigate the rose further. She took a break from her bouquet and began studying it under her magnifying glass. To her surprise, the inscription appeared to be part of an old code or message.

Alma knew she needed help to solve this puzzle. She reached out to her old friend Ingrid, who was known for her expertise in antique texts and codes. Ingrid, who had become a prominent historian, soon replied with an enthusiastic message and promised to help Alma decipher the inscription.

Over the following weeks, Alma and Ingrid exchanged many letters and phone calls. Together, they began to unravel the puzzle that the rose's inscription seemed to represent. They discovered that the message was part of an old story involving a famous botanist from the 19th century who had hidden a secret in his garden. The story spoke of a missing collection of rare flowers that had held special significance for the botanists and their work.

To get to the bottom of the mystery, Alma and Ingrid needed to return to the old garden they had once visited. Alma organized a trip, and when she and Ingrid arrived, the garden was still as enchanting as they remembered—filled with lush bushes, old trees, and flowers of every hue.

They began searching for clues in the garden. Alma felt as though she had been transported back to her youth, with each corner and each flower seeming to hold a mystery. It didn't take long before they discovered an old, covered well in the middle of the garden. Carefully lifting the well's cover, they found an old chest that was almost in perfect condition.

When they opened the chest, they found a collection of rare flowers that were exactly as described by the botanist in his writings. Along with the flowers was a diary that belonged to the botanist. The diary revealed that these flowers were intended as a gift for the future, a symbol of knowledge and beauty meant to be preserved for generations to come.

With this new knowledge, Alma and Ingrid returned to Sundbyholm and began planning how to return these flowers to their rightful context. They organized an exhibition at Alma's flower shop, showcasing the rare flowers alongside the story of their history. The exhibition was a great success and drew visitors from across the region, who came to see the special flowers and hear the story of their discovered secrets.

The Secret of the Flowers became more than just a shop; it became a place of community and learning, where people could come to admire the beauty of nature and learn about the history hidden behind each flower. Alma and Ingrid rekindled their friendship, united by their shared passion for flowers and mysteries.

Sundbyholm continued to be a place where time seemed to stand still, but now with an added dimension of magic and wonder, thanks to Alma's tireless work and the secret that had been revealed through a simple rose.

Algot Ohlssons Hemlighet

I den lilla byn Bäckhult, som låg vid foten av en vidsträckt, grönskande dal, bodde en äldre man vid namn Erik Holmström. Erik var en man av naturen, en bonde med djupa rynkor som berättade om ett liv tillägnat jorden och dess skördar. Hans gård var en pittoresk plats, med ett hus som hade stått i flera generationer och ett jordbruk som sträckte sig ut över fält och ängar.

Varje dag började för Erik med gryningens första ljus. Han skulle vakna innan solen och gå ut i sitt jordbruk, där han med hängivenhet och kärlek tog hand om sina grödor och djur. Han var en man av vana och enkelhet, och hans dagar var präglade av rutiner som han fann tröst i. Han kände till varje hörn av sin gård och varje doft av jorden, men det fanns en särskild del av hans gård som han sällan talade om – en gammal, övervuxen trädgård som låg i ett hörn av marken.

Det var en sådan tidig morgon när Erik, med sin slitagehatt på huvudet och gummistövlar på fötterna, gick till sin gamla trädgård. Han hade länge övervägt att rensa upp där, men det var något med denna plats som alltid höll honom tillbaka. Kanske var det den märkliga känslan av att det fanns något gömt där, något som hade förblivit en hemlighet i många år.

När Erik började rensa bland de vildvuxna buskarna och frodiga ogräset, hittade han plötsligt något ovanligt. Det var en gammal, rostig låda begravd under ett täcke av mossa och rötter. Förvånad men nyfiken grävde Erik fram lådan och öppnade den försiktigt. Inuti lådan fanns en mängd gamla föremål – ett urverk, en kartbok, och ett brev som var prydligt förseglat med ett sigill.

Erik satt på en gammal trälåda och öppnade brevet med stor försiktighet. Det visade sig vara skrivet av en man vid namn Algot Ohlsson, en tidigare ägare av gården som hade levt för över hundra år sedan. Brevet berättade om en hemlighet som hade gömts på gården och var en gåva till framtida generationer. Enligt brevet var hemligheten relaterad till en speciell typ av växt som hade en sällsynt egenskap.

Erik kände sig både förvånad och spänd. Han hade alltid hört gamla historier om Algots tid, men han hade aldrig trott att det fanns några bevis för dessa legender. Med brevet i handen började Erik undersöka den gamla kartboken, som verkade vara en detaljerad karta över gården med markeringar som han inte kände igen. Några av markeringarna visade på specifika platser i den gamla trädgården.

Erik bestämde sig för att följa kartans ledtrådar. Han började med att gräva vid de markerade platserna och upptäckte snart små, övergivna planteringar av växter som han inte kände igen. Det verkade som om dessa växter hade stått där i många år, kanske till och med sedan Algot Ohlssons tid. Erik satte sig ner och började studera växterna noggrant. Det blev snart tydligt att de var något speciellt, och deras ovanliga egenskaper bekräftade Algots ord i brevet.

Medan Erik utforskade dessa gamla växter, började nyfikenheten sprida sig bland byborna. Rykten om Eriks upptäckter började cirkulera, och snart var hela byn engagerad i mysteriet. Byborna, som hade varit vana vid Erik som en stillsam och reserverad man, började se honom i ett nytt ljus. De blev fascinerade av den gamla trädgården och de hemliga växterna som nu väckte deras intresse.

Bland dem fanns en ung kvinna vid namn Sara, som hade nyligen återvänt till Bäckhult efter att ha studerat botanik vid universitetet. Sara var uppvuxen i byn och hade alltid haft ett intresse för växter och natur. När hon hörde om Eriks upptäckter, erbjöd hon sig att hjälpa honom med att identifiera och förstå de gamla växterna. Erik, som nu hade blivit vän med Sara, var glad över att få hjälp och de två började arbeta tillsammans för att lösa mysteriet.

Sara och Erik tillbringade många dagar i trädgården och granskade de sällsynta växterna. Det blev snart uppenbart att dessa växter hade en förmåga att påverka miljön omkring dem på ett unikt sätt. De hade en egenskap att förbättra jorden de växte i, och deras närvaro verkade ge en speciell känsla av välbefinnande och frid. Det blev klart för dem att dessa växter inte bara var en historisk gåva, utan också en källa till välgörande förändringar för hela byn.

Med tiden började byborna samlas i den gamla trädgården för att njuta av de nya blommorna och växterna. Trädgården, som en gång hade varit en övergiven och vild plats, blev nu en blomstrande oas där människor kom för att koppla av och dra nytta av växternas positiva effekter. Erik och Sara organiserade trädgårdsfester och guidade byborna genom de olika växterna och deras egenskaper.

Algot Ohlssons hemlighet hade blivit en gåva som förenade byborna och förde dem närmare naturen. Erik, som tidigare hade varit en ensamt arbetande bonde, blev nu en centralgestalt i byns sociala liv. Han och Sara blev nära vänner och delade många samtal om växternas magiska egenskaper och naturens mysterier.

En dag, när Erik gick genom den blomstrande trädgården, tänkte han på hur mycket hans liv hade förändrats. Han hade aldrig kunnat föreställa sig att en gammal, övergiven del av hans gård skulle leda till en så betydelsefull upptäckte. Han kände en djup tacksamhet för den gåva som Algot Ohlsson hade lämnat efter sig och för den glädje och gemenskap som den hade bringat till Bäckhult.

Erik och Sara fortsatte att vårda trädgården och dela dess hemligheter med byn. Den gamla trädgården förblev en plats av skönhet och lärande, och Bäckhult blev känd som en by där naturens magi fortfarande hade en plats i det moderna livet. Erik, nu en glad och uppskattad del av samhället, kände att han hade fått en ny mening med sitt liv, och han såg fram emot framtiden med förväntan och hopp.

Algot Ohlsson's Secret

In the small village of Bäckhult, nestled at the foot of a sprawling, verdant valley, lived an elderly man named Erik Holmström. Erik was a man of the land, a farmer with deep wrinkles that told the story of a life dedicated to the soil and its harvests. His farm was a picturesque place, with a house that had stood for several generations and a farm that stretched across fields and meadows.

Each day began for Erik with the dawn's first light. He would wake before the sun and head out to his farm, where he tenderly and lovingly cared for his crops and animals. He was a man of habit and simplicity, and his days were marked by routines that brought him comfort. He knew every corner of his farm and every scent of the earth, but there was one particular part of his farm that he rarely spoke of – an old, overgrown garden situated in a corner of the land.

It was one such early morning when Erik, with his worn hat on his head and rubber boots on his feet, went to his old garden. He had long considered tidying up the area, but something about this place always held him back. Perhaps it was the peculiar feeling that something was hidden there, something that had remained a secret for many years.

As Erik began clearing away the tangled bushes and dense weeds, he suddenly found something unusual. It was an old, rusty box buried under a layer of moss and roots. Surprised but curious,

Erik dug up the box and carefully opened it. Inside the box were a number of old items – a timepiece, a map book, and a letter sealed with a wax emblem.

Erik sat on an old wooden crate and opened the letter with great care. It turned out to be written by a man named Algot Ohlsson, a former owner of the farm who had lived over a hundred years ago. The letter spoke of a secret that had been hidden on the farm and was a gift to future generations. According to the letter, the secret was related to a special type of plant with a rare characteristic.

Erik felt both surprised and excited. He had always heard old tales about Algot's time, but he had never believed there was any evidence to these legends. With the letter in hand, Erik began studying the old map book, which seemed to be a detailed map of the farm with markings he didn't recognize. Some of the markings indicated specific locations in the old garden.

Erik decided to follow the map's clues. He started by digging at the marked spots and soon discovered small, neglected patches of plants he didn't recognize. It seemed these plants had been there for many years, perhaps even since Algot Ohlsson's time. Erik took a seat and began examining the plants closely. It quickly became apparent that they were something special, and their unusual properties confirmed Algot's words in the letter.

As Erik explored these old plants, curiosity began to spread among the villagers. Rumors about Erik's discoveries started circulating, and soon the entire village was engaged in the mystery. The villagers, who had known Erik as a quiet and reserved man, began to see him in a new light. They were fascinated by the old garden and the secret plants that now piqued their interest.

Among them was a young woman named Sara, who had recently returned to Bäckhult after studying botany at university. Sara had grown up in the village and had always had an interest in plants and nature. When she heard about Erik's discoveries, she offered to help him identify and understand the old plants. Erik, who had now become friends with Sara, was delighted to have her assistance, and the two began working together to solve the mystery.

Sara and Erik spent many days in the garden, examining the rare plants. It soon became clear that these plants had a unique ability to affect the environment around them. They had the capacity to improve the soil they grew in, and their presence seemed to bring a special sense of well-being and peace. It became evident to them that these plants were not just a historical gift but also a source of beneficial changes for the entire village.

Over time, the villagers began gathering in the old garden to enjoy the new flowers and plants. The garden, once an abandoned and wild place, now became a flourishing oasis where people came to relax and benefit from the plants' positive effects. Erik and Sara organized garden parties and guided the villagers through the various plants and their properties.

Algot Ohlsson's secret had become a gift that united the villagers and brought them closer to nature. Erik, who had previously been a solitary farmer, was now a central figure in the village's social life. He and Sara became close friends, sharing many conversations about the magical properties of the plants and the mysteries of nature.

One day, as Erik walked through the blooming garden, he reflected on how much his life had changed. He had never imagined that an old, abandoned part of his farm would lead to such a significant discovery. He felt a deep gratitude for the gift Algot Ohlsson had left behind and for the joy and community it had brought to Bäckhult.

Erik and Sara continued to nurture the garden and share its secrets with the village. The old garden remained a place of beauty and learning, and Bäckhult became known as a village where the magic of nature still had a place in modern life. Erik, now a happy and cherished part of the community, felt that he had found new purpose in his life, and he looked forward to the future with anticipation and hope.

Den Gömda Källan

I den lilla byn Hultfors, belägen vid kanten av en gammal, mäktig skog, levde en man vid namn Lars Lindström. Lars var en man i sina sjuttiotal, med ett ansikte som bar spår av både livets glädjeämnen och dess sorger. Han var en lång, mager man med en van och stadig gång, som vittnade om många år på gården. Hans gård var inte stor, men den var välskött, med en liten trädgård fylld med blommor och grönsaker samt en samling av fruktträd som stod i full prakt under sommarmånaderna.

Lars hade alltid varit en man av rutiner. Varje dag började med att han gick ut i trädgården för att inspektera sina grönsaker och se till att blommorna fick den omvårdnad de behövde. Hans liv var enkelt och stilla, men det var ett liv han uppskattade. Han hade förlorat sin fru för flera år sedan, och sedan dess hade hans dagar kretsat kring gården och dess sysslor.

En kall vintermorgon, när snön hade lagt sig som ett mjukt täcke över byn, hände något ovanligt. Lars var på väg till sitt lilla förråd för att hämta ved, när han stötte på en gammal, rustik kista som låg halvt begravd under snön vid kanten av hans mark. Kistan var täckt av ett lager av is och smuts, och Lars knäppte försiktigt upp den med sin slitna skov. Till hans förvåning fann han en rad gamla föremål i kistan – en gammal bok, några facklor, och en mystisk karta.

Lars tog den gamla boken och satte sig vid sitt köksbord med en kopp varmt te. Han öppnade boken och såg att den var fylld med handskrivna anteckningar och skisser. Det var uppenbart att boken hade tillhört någon som hade haft en djup kunskap om naturen och dess hemligheter. Det fanns skisser av växter, beskrivningar av olika örter och även några teckningar av en gammal källa. En av de mest iögonfallande sidorna var en detaljrik karta som visade en plats i skogen som låg inte långt från Lars gård.

Nyfikenheten väcktes i Lars. Han hade alltid hört rykten om en gammal källa som skulle finnas i skogen, men ingen hade någonsin lyckats hitta den. Han hade själv sökt efter den utan framgång i många år. Nu verkade det som om han hade fått en ledtråd till den plats han hade drömt om att hitta.

Efter att ha studerat kartan noggrant, klädde sig Lars i sina varmaste kläder och gav sig av mot skogen. Han tog med sig facklorna från kistan, i fall att han skulle behöva dem i den mörka och täta skogen. Skogen var stilla och tyst under vintern, och Lars kunde höra sitt eget andetag och knastret från snön under sina fötter. Han följde kartans instruktioner och vandrade djupt in i skogen, där träden stod som tysta vittnen till hans sökande.

Efter flera timmar av vandring kom Lars till en plats som stämde överens med den på kartan. Det var en liten glänta där en gammal, mossbelupen sten låg mitt i en ring av träd. Lars satte sig ner och började gräva försiktigt runt stenen, precis som kartan hade visat. Till hans stora glädje hittade han efter en stund en gammal järngrind som var täckt av mossa och rötter.

Med stor ansträngning lyckades Lars öppna grinden, och bakom den fann han en mörk tunnel som ledde neråt. Han tände en av facklorna och steg in i tunneln. Det var kallt och fuktigt, men Lars fortsatte att gå tills han nådde en liten grotta. I grottan fanns en gammal källa som bubblade upp från en klippvägg. Vattnet var kristallklart och glänste i facklornas sken.

Lars kände en djup känsla av tillfredsställelse när han såg den gömda källan. Det var som om han hade upptäckt något som hade varit en del av hans livs dröm. Han fyllde en liten flaska med vattnet från källan och tog den med sig tillbaka till gården.

När Lars kom hem, visade han den gamla boken och flaska med vatten för sina närmaste grannar, Marta och Oskar. Marta var en vänlig kvinna i femtioårsåldern som hade en liten butik i byn, och Oskar var en gammal vän till Lars som hade arbetat som snickare. De var alla fascinerade av Lars upptäckter och erbjöd sig att hjälpa honom att undersöka boken och kartan mer noggrant.

Tillsammans började de granska boken och kartan, och de upptäckte att den gamla källan hade en speciell betydelse. Vattnet från källan hade enligt anteckningarna en läkande och förnyande kraft. Det fanns också skisser av växter som skulle kunna användas för att förstärka vattnets effekter.

Lars och hans vänner började experimentera med vattnet och växterna. De odlade de speciella växterna i Lars trädgård och använde vattnet för att vattna dem. Till deras förvåning verkade växterna växa snabbare och bli mer livskraftiga än någonsin tidigare. Det blev snart tydligt att den gamla källan hade en verklig kraft som hade varit gömd i generationer.

Rykten om den mirakulösa källan började sprida sig genom byn, och snart började människor från närliggande byar komma för att se den gamla källan och ta del av dess magiska egenskaper. Lars och hans vänner blev kända som de som hade upptäckt denna hemlighet, och deras gård blev en plats för människor att besöka och få hjälp med sina växter och trädgårdar.

Lars, Marta och Oskar organiserade en liten festival för att fira upptäckten av källan och dess effekter. De ordnade föreläsningar och visningar av växterna som hade vuxit så bra med hjälp av källvattnet. Festivalen blev en stor succé, och byborna, såväl som besökare från andra orter, kom för att delta i firandet och lära sig mer om den gamla källans mirakler.

Det blev också klart att den gamla källan hade en förmåga att föra människor samman. Lars, som tidigare hade varit en enstöring, fann sig nu omgiven av vänner och grannar som var ivriga att delta i arbetet och delandet av källans gåvor. Det skapades en känsla av gemenskap och samarbete som tidigare hade saknats i byn.

Åren gick, och Lars fortsatte att vårda den gamla källan och trädgården. Han blev en välkänd och älskad medlem av byn, känd för sin vänlighet och sitt engagemang. Han och hans vänner fortsatte att arbeta tillsammans för att bevara källans mysterium och hjälpa andra med deras trädgårdar och växter.

Den gamla källan blev en symbol för hopp och gemenskap i byn Hultfors. Lars kände att han hade fått en ny mening med sitt liv, och han såg med glädje på framtiden, nu omgiven av vänner och grannar som hade blivit en del av hans nya familj. Skogen och källan hade förvandlat hans ensamma liv till ett fyllt med delade stunder och glädje.

The Hidden Spring

In the small village of Hultfors, situated at the edge of an ancient, majestic forest, lived a man named Lars Lindström. Lars was a man in his seventies, with a face marked by both the joys and sorrows of life. He was a tall, thin man with a steady gait that testified to many years spent working on his farm. His farm was not large, but it was well-kept, with a small garden filled with flowers and vegetables, as well as a collection of fruit trees that were in full bloom during the summer months.

Lars had always been a man of routine. Each day began with him going out into the garden to inspect his vegetables and ensure the flowers received the care they needed. His life was simple and quiet, but it was a life he appreciated. He had lost his wife several years earlier, and since then, his days had revolved around the farm and its tasks.

One cold winter morning, when the snow had settled like a soft blanket over the village, something unusual happened. Lars was heading to his small shed to fetch firewood when he stumbled upon an old, rustic chest partially buried under the snow at the edge of his land. The chest was covered with a layer of ice and dirt, and Lars carefully pried it open with his worn shovel. To his surprise, he found a number of old items inside the chest – an old book, some torches, and a mysterious map.

Lars took the old book and sat down at his kitchen table with a cup of hot tea. He opened the book and saw that it was filled with handwritten notes and sketches. It was clear that the book had belonged to someone with deep knowledge of nature and its secrets. There were sketches of plants, descriptions of various herbs, and even some drawings of an old spring. One of the most striking pages was a detailed map showing a location in the forest not far from Lars's farm.

Curiosity was piqued in Lars. He had always heard rumors of an old spring hidden in the forest, but no one had ever managed to find it. He himself had searched for it unsuccessfully for many years. Now, it seemed he had a clue to the place he had dreamed of finding.

After studying the map carefully, Lars dressed in his warmest clothes and set out for the forest. He took the torches from the chest, in case he needed them in the dark and dense forest. The forest was still and silent under winter's blanket, and Lars could hear his own breath and the crunching of snow under his feet. He followed the map's directions and ventured deep into the forest, where the trees stood as silent witnesses to his quest.

After several hours of walking, Lars arrived at a location that matched the map. It was a small clearing where an old, moss-covered stone lay in the middle of a ring of trees. Lars sat down and began to carefully dig around the stone, just as the map had instructed. To his great delight, he soon discovered an old iron gate covered in moss and roots.

With great effort, Lars managed to open the gate, and behind it, he found a dark tunnel leading downward. He lit one of the torches and stepped into the tunnel. It was cold and damp, but

Lars continued until he reached a small cave. In the cave was an ancient spring bubbling up from a cliff wall. The water was crystal clear and sparkled in the torchlight.

Lars felt a deep sense of satisfaction when he saw the hidden spring. It was as if he had discovered something that had been part of his life's dream. He filled a small bottle with the spring water and took it back to the farm.

When Lars returned home, he showed the old book and the bottle of water to his close neighbors, Marta and Oskar. Marta was a kind woman in her fifties who ran a small shop in the village, and Oskar was an old friend of Lars who had worked as a carpenter. They were all fascinated by Lars's discoveries and offered to help him investigate the book and map more thoroughly.

Together, they began to examine the book and the map, and they discovered that the old spring had a special significance. According to the notes, the water from the spring had healing and renewing properties. There were also sketches of plants that could be used to enhance the effects of the water.

Lars and his friends began to experiment with the water and the plants. They grew the special plants in Lars's garden and used the water to nourish them. To their surprise, the plants seemed to grow faster and become more vigorous than ever before. It soon became evident that the old spring had a real power that had been hidden for generations.

Rumors of the miraculous spring began to spread through the village, and soon people from neighboring towns started coming to see the old spring and benefit from its magical properties. Lars and his friends became known as those who had discovered this secret, and their farm became a place for people to visit and get help with their gardens and plants.

Lars, Marta, and Oskar organized a small festival to celebrate the discovery of the spring and its effects. They arranged lectures and demonstrations of the plants that had thrived with the help of the spring water. The festival was a great success, and villagers, as well as visitors from other places, came to take part in the celebration and learn more about the old spring's miracles.

It also became clear that the old spring had a unique ability to bring people together. Lars, who had previously been a recluse, now found himself surrounded by friends and neighbors eager to participate in the work and share the spring's gifts. A sense of community and cooperation emerged that had previously been lacking in the village.

Years passed, and Lars continued to care for the old spring and the garden. He became a well-known and beloved member of the village, admired for his kindness and dedication. He and his friends continued to work together to preserve the mystery of the spring and help others with their gardens and plants.

The old spring became a symbol of hope and community in Hultfors. Lars felt that he had found a new purpose in life, and he looked forward to the future with joy, now surrounded by friends and neighbors who had become part of his new family. The forest and the spring had transformed his solitary life into one filled with shared moments and happiness.

En Hjärtlig Förändring

I den lilla staden Wendelstorp, som låg vid foten av de mjuka gröna kullarna, bodde en kvinna vid namn Ingrid Andersson. Ingrid var en välkänd person i staden, inte bara för sitt trevliga sätt utan också för den lilla butik hon drev – en kombinerad bokhandel och café. Hennes butik, som hette "Ingrids Bokhörna", var ett ställe där invånarna samlades för att läsa, dricka te och diskutera livet. Ingrid själv var en kvinna i sextioårsåldern, med ett hjärtligt leende och en värme som fick folk att känna sig välkomna.

Ingrid hade alltid haft en passion för böcker. När hon var ung hade hon drömt om att bli författare, men livet hade tagit en annan vändning och hon hade istället öppnat sin bokhandel. Trots det hade hon aldrig gett upp sin kärlek till litteraturen, och hennes butik var fylld med böcker av alla slag – från klassiker till nyutkomna romaner. Caféet i butiken var en perfekt plats för en paus med en kopp nybryggt kaffe och en bit hembakad kaka.

En dag när Ingrid var på väg till sin butik, stötte hon på en gammal vän, Ellen Larsson. Ellen, som hade bott i Wendelstorp hela sitt liv, hade just flyttat tillbaka till staden efter att ha tillbringat flera år i storstaden. Ellen var en kvinna i samma ålder som Ingrid, med en stilren framtoning och en lugn själ. När de två vännerna sågs igen, kände de omedelbart igen den gamla vänskapen.

"Hej Ellen!" ropade Ingrid och gav sin vän en varm kram. "Vad roligt att se dig här igen. Jag hörde att du hade flyttat tillbaka. Hur är det med dig?"

Ellen log och svarade, "Det känns bra att vara tillbaka. Jag saknade den lilla staden och allt det som jag brukade tycka om här. Jag måste erkänna att det känns som att något har förändrats, men jag kan inte riktigt sätta fingret på vad det är."

Ingrid nickade förstående. "Det är alltid så när man kommer tillbaka efter att ha varit borta ett tag. Men kom in och ta en kaffe med mig. Jag vill gärna höra mer om vad du har gjort."

De gick in i butiken, och Ingrid satte fram två koppar kaffe och några av de nyligen bakade kexen. När de satt där, omgiven av böcker och doften av nybryggt kaffe, började Ellen berätta om sina år i storstaden.

Det blev snart klart för Ingrid att Ellen hade genomgått stora förändringar under sin tid borta. Hon hade blivit mer medveten om vad som verkligen var viktigt för henne, och hon hade en stark önskan att bidra till något meningsfullt i sin gamla hemstad. Ellen berättade om sitt engagemang för miljöfrågor och sitt arbete med att starta en liten ideell organisation för att främja hållbarhet.

"Jag vill verkligen göra något bra här i Wendelstorp," sa Ellen entusiastiskt. "Jag tror att vi kan göra stor skillnad om vi bara får människor att engagera sig och tänka efter."

Ingrid blev inspirerad av Ellens engagemang och passion. "Det låter fantastiskt, Ellen. Du vet att jag alltid har haft en dröm om att göra något för vår stad också. Vad sägs om att vi samarbetar och startar något tillsammans? Vi skulle kunna använda min butik som en plats för att samla folk och sprida information."

Ellen blev glad över förslaget och tillsammans började de planera. De bestämde sig för att skapa ett program för att främja hållbarhet och lokal gemenskap i Wendelstorp. De började med att ordna föreläsningar och workshops i Ingrids butik, där de bjöd in experter och engagerade medborgare att prata om allt från återvinning till ekologisk odling.

Programmet fick ett varmt mottagande från byborna, och snart började människor från hela staden delta i de olika evenemangen. Ingrid och Ellen organiserade även en marknad där lokala producenter kunde sälja sina varor, och de startade en bokklubb som fokuserade på böcker om miljö och hållbarhet.

Det blev snart uppenbart att deras initiativ hade en djupgående effekt på Wendelstorp. Folk blev mer medvetna om miljöfrågor och började ändra sina vanor. Det var inte bara det som hände på ytan; det verkade som om det fanns en djupare förändring i byns anda. Det var som om den gamla, trötta staden hade fått ett nytt liv.

En dag när Ingrid och Ellen satt i butiken och diskuterade deras nästa evenemang, kom en ung kvinna vid namn Anna in. Anna var en nyinflyttad student som hade flyttat till Wendelstorp för att studera vid den lokala högskolan. Hon hade hört talas om deras initiativ och var ivrig att bidra.

"Hej," sa Anna med ett brett leende. "Jag har hört om det fantastiska arbete ni gör här i Wendelstorp. Jag är så imponerad och jag skulle gärna vilja hjälpa till på något sätt."

Ingrid och Ellen blev glada över Annas erbjudande och tillsammans började de arbeta på nya projekt för att fortsätta att engagera och inspirera stadens invånare. Anna kom med fräscha idéer och nya perspektiv som bidrog till att utveckla programmet ytterligare.

Efter några månader började Wendelstorp att kännas som en plats där människor verkligen brydde sig om varandra och om sin miljö. De gemensamma ansträngningarna hade lett till en märkbar förändring, och byborna började se sin stad på ett nytt sätt. Det var inte längre bara en plats där folk bodde; det var en gemenskap som arbetade tillsammans för att göra världen lite bättre.

Ingrid kände en djup tillfredsställelse när hon såg resultatet av deras arbete. Det var inte bara det faktum att de hade lyckats med sitt projekt, utan också det sätt på vilket det hade förenat människor och fått dem att känna sig stolta över sin stad.

En kväll när solen var på väg att gå ner, satt Ingrid och Ellen på caféet, nu fyllt med glada människor som njöt av en kopp te och pratade om dagens evenemang. De blickade ut över den livliga gatan och kände en värme i sina hjärtan.

"Jag kan knappt tro hur mycket som har förändrats," sa Ellen. "Det känns som att vi verkligen har gjort något bra här."

Ingrid nickade. "Ja, det har varit en fantastisk resa. Och det bästa av allt är att vi har gjort det tillsammans. Det är något speciellt med att se hur en liten idé kan växa och bli något som påverkar så många."

Deras samtal avbröts av skrattet från några barn som lekte utanför. Ingrid och Ellen såg på varandra och visste att deras arbete var långt ifrån över. Det fanns fortfarande mycket att göra, och de var glada över att fortsätta sin resa tillsammans.

När kvällen kom och butiken stängde för dagen, såg Ingrid och Ellen ut genom fönstret och såg den lugna staden som nu var fylld med liv och gemenskap. Det var som om Wendelstorp hade fått en ny chans att blomstra, och de två vännerna var tacksamma för att ha fått vara en del av den förändringen.

De visste att den verkliga magin inte låg i de stora händelserna utan i de små ögonblicken av samarbete och vänskap som hade byggt grunden för deras arbete. Deras hjärtan var fyllda med en djup glädje, och de såg fram emot framtiden med förväntan och hopp.

A Heartfelt Change

In the small town of Wendelstorp, nestled at the foot of gentle green hills, lived a woman named Ingrid Andersson. Ingrid was a well-known figure in the town, not only for her friendly demeanor but also for the little shop she ran – a combined bookstore and café. Her shop, called "Ingrid's Book Nook," was a place where townspeople gathered to read, drink tea, and discuss life. Ingrid herself was a woman in her sixties, with a warm smile and an inviting presence that made people feel at home.

Ingrid had always had a passion for books. When she was young, she had dreamed of becoming a writer, but life had taken a different turn, and she had instead opened her bookstore. Despite this, she had never given up her love for literature, and her shop was filled with books of all kinds – from classics to newly released novels. The café in the shop was the perfect place for a break with a cup of freshly brewed coffee and a slice of homemade cake.

One day, as Ingrid was on her way to her shop, she ran into an old friend, Ellen Larsson. Ellen, who had lived in Wendelstorp all her life, had just moved back to town after spending several years in the city. Ellen was a woman of the same age as Ingrid, with a stylish demeanor and a calm soul. When the two friends met again, they immediately rekindled their old friendship.

"Hello, Ellen!" Ingrid exclaimed, giving her friend a warm hug. "It's so good to see you here again. I heard you moved back. How are you doing?"

Ellen smiled and replied, "It feels good to be back. I missed the small town and all the things I used to enjoy here. I must admit, it feels like something has changed, but I can't quite put my finger on what it is."

Ingrid nodded in understanding. "It's always like that when you return after being away for a while. But come in and have a coffee with me. I'd love to hear more about what you've been up to."

They went into the shop, and Ingrid set out two cups of coffee and some freshly baked cookies. As they sat surrounded by books and the aroma of freshly brewed coffee, Ellen began to talk about her years in the city.

It soon became clear to Ingrid that Ellen had undergone significant changes during her time away. She had become more aware of what was truly important to her and had a strong desire to contribute to something meaningful in her old hometown. Ellen spoke about her commitment to environmental issues and her work to start a small nonprofit organization to promote sustainability.

"I really want to do something good here in Wendelstorp," Ellen said enthusiastically. "I believe we can make a big difference if we can just get people engaged and thinking."

Ingrid was inspired by Ellen's commitment and passion. "That sounds fantastic, Ellen. You know I've always had a dream of doing something for our town as well. How about we team up and start something together? We could use my shop as a place to gather people and spread the word."

Ellen was delighted by the suggestion, and together they began to plan. They decided to create a program to promote sustainability and local community involvement in Wendelstorp. They started by organizing lectures and workshops in Ingrid's shop, inviting experts and engaged citizens to talk about everything from recycling to organic gardening.

The program was warmly received by the townspeople, and soon people from all over the town began participating in the various events. Ingrid and Ellen also organized a market where local producers could sell their goods, and they started a book club focused on books about the environment and sustainability.

It soon became apparent that their initiative had a profound effect on Wendelstorp. People became more aware of environmental issues and began to change their habits. It wasn't just what was happening on the surface; it seemed like there was a deeper shift in the town's spirit. It was as if the old, tired town had been given a new lease on life.

One day, when Ingrid and Ellen were sitting in the shop discussing their next event, a young woman named Anna came in. Anna was a newly arrived student who had moved to Wendelstorp to study at the local college. She had heard about their initiative and was eager to contribute.

"Hello," Anna said with a wide smile. "I've heard about the fantastic work you're doing here in Wendelstorp. I'm so impressed and would love to help in any way I can."

Ingrid and Ellen were thrilled with Anna's offer, and together they began working on new projects to continue engaging and inspiring the town's residents. Anna brought fresh ideas and new perspectives that helped further develop the program.

After a few months, Wendelstorp began to feel like a place where people truly cared about each other and their environment. The joint efforts had led to a noticeable change, and the townspeople started seeing their town in a new light. It was no longer just a place where people lived; it had become a community working together to make the world a little better.

Ingrid felt a deep sense of satisfaction as she saw the results of their work. It wasn't just that they had succeeded with their project, but also the way it had brought people together and made them proud of their town.

One evening, as the sun was setting, Ingrid and Ellen sat in the café, now filled with happy people enjoying a cup of tea and chatting about the day's events. They looked out over the lively street and felt a warmth in their hearts.

"I can hardly believe how much has changed," Ellen said. "It feels like we've really done something good here."

Ingrid nodded. "Yes, it has been a wonderful journey. And the best part is that we've done it together. There's something special about seeing how a small idea can grow and impact so many."

Their conversation was interrupted by the laughter of some children playing outside. Ingrid and Ellen looked at each other, knowing their work was far from over. There was still much to be done, and they were happy to continue their journey together.

As the evening came and the shop closed for the day, Ingrid and Ellen looked out the window at the peaceful town now filled with life and community. It was as if Wendelstorp had been given a new chance to flourish, and the two friends were grateful to have been part of that change.

They knew that the real magic wasn't in the grand events but in the small moments of cooperation and friendship that had built the foundation of their work. Their hearts were filled with deep joy, and they looked forward to the future with anticipation and hope.

Fjärilens Gåta

I den lilla staden Brunnsby, där floderna slingrade sig genom landskapet och grönskan brett ut sig som en levande matta, bodde en ovanlig fågel vid namn Linnea. Linnea var inte som andra fåglar i staden; hon var en vacker kolibri med fjädrar i alla regnbågens färger. Hon hade bosatt sig i den gamla eken som stod mitt i staden, och hennes närvaro hade blivit en del av stadens charm och vardag.

Linnea var känd för sin förmåga att lysa upp även de gråaste dagar med sina glänsande fjädrar och sin milda sång. Hon hade en särskild förkärlek för att besöka den lilla trädgården tillhörande den vänliga äldre damen, fru Olsson. Fru Olsson var en kvinna som älskade blommor, och hennes trädgård var en färgsprakande plats med överflödande blommor och växter. Linnea fann alltid en anledning att besöka trädgården varje dag, och hon hade utvecklat ett särskilt band med fru Olsson, som ofta satte ut små skålar med nektar för den lilla fågelns njutning.

En morgon när Linnea flög runt i trädgården och njöt av den friska luften, lade hon märke till något ovanligt. På marken vid foten av en gammal rosbuske låg ett litet, glänsande föremål. Nyfiken flög Linnea ner och undersökte det. Det visade sig vara en liten, gammal nyckel, omsorgsfullt inbäddad bland löven. Nyckeln var dekorerad med intrikata mönster och verkade vara mycket gammal.

Linnea hade aldrig sett något liknande tidigare, och det pirrade i hennes fågelhjärta av nyfikenhet. Vad kunde denna nyckel vara till? Och varför låg den just här, i fru Olssons trädgård? Hon tog med sig nyckeln till sitt bo i den gamla eken och började tänka på sin upptäckte gåta.

Hela dagen flög Linnea fram och tillbaka mellan sitt bo och trädgården, i hopp om att hitta någon ledtråd som kunde förklara nyckelns ursprung. Vid kvällningen, när solen började gå ner och skymningen föll över staden, såg Linnea fru Olsson sitta på en bänk i trädgården och titta på stjärnorna.

Linnea flög ned och satte sig på en gren nära fru Olsson, som märkte den lilla fågeln och log varmt. "Hej Linnea," sa fru Olsson. "Vad är det som oroar dig idag? Du verkar så tankfull."

Linnea kvittrade för att fånga fru Olssons uppmärksamhet och släppte ner nyckeln framför henne. Fru Olsson böjde sig ner och plockade upp den lilla nyckeln. Hennes ögon blev stora av förvåning. "Var har du hittat den här?" frågade hon med en nyfikenhet som speglade Linneas egna känslor.

Linnea kvittrade för att förklara att hon hade funnit nyckeln vid rosbusken. Fru Olsson blev allvarlig och började tänka djupt. "Denna nyckel," sa hon efter en stund, "ser ut som en nyckel jag har hört talas om i en gammal historia som min mormor brukade berätta för mig. Det sägs att det finns en hemlig kammare någonstans i vår stad som en gång tillhörde en gammal alkemist. Om nyckeln verkligen är från den kammaren, då kan vi kanske upptäcka något fantastiskt."

Linnea kvittrade ivrigt och följde fru Olsson när hon började gå runt i trädgården och fundera på var nyckeln skulle kunna passa. De insåg att det fanns en gammal stenmur som tidigare hade varit en del av en gammal trädgård, och som nu var täckt av vildvin och mossa.

Med stor möda och försiktighet började fru Olsson att rensa bort mossan och vinet från en specifik del av muren där nyckelhålet verkade passa. När de var klara, satte hon försiktigt in nyckeln i det gamla låset. Nyckeln passade perfekt, och med ett mjukt klick öppnades en liten dörr i muren.

Inne i den hemliga kammaren fanns en gammal, dammig men vacker bokhylla fylld med böcker, gamla kartor och mystiska artefakter. I det dimmiga ljuset kunde de se att kammaren var fylld med sådant som verkade ha legat gömt i många år. Linnea flög runt i kammaren och landade på en gammal bok som låg på ett bord i mitten av rummet.

Fru Olsson öppnade boken försiktigt och började läsa högt. Det visade sig vara en dagbok från den gamla alkemisten. Dagboken beskrev experiment och tankar om naturens mysterier, om hur man kunde omvandla vanliga material till något värdefullt och kraftfullt. Bland de många sidorna fanns även detaljerade skisser och anteckningar om hur man skulle skapa en speciell dryck som skulle kunna ge visdom och insikt.

Linnea och fru Olsson blev fascinerade av de gamla beskrivningarna och beslöt sig för att undersöka om några av alkemistens experiment fortfarande kunde vara relevanta. De samlade de ingredienser och material som beskrivs i dagboken och började experimentera enligt de gamla instruktionerna.

Det var en lång och komplicerad process, men efter veckor av arbete lyckades de återskapa den speciella drycken. När de provade drycken blev det tydligt att den hade en speciell effekt. Den gav en klar och djup insikt i naturens hemligheter och ökade deras förståelse för världen omkring dem.

Nyheten om den magiska drycken spreds snabbt genom staden, och människor från när och fjärran kom för att uppleva den. Linnea blev en känd symbol för upptäckten, och hennes vänskap med fru Olsson blev känd över hela staden.

Men Linnea och fru Olsson visste att den verkliga magin inte låg i drycken, utan i den vänskap och det samarbete som hade lett dem till denna upptäckte hemlighet. De hade funnit något värt mer än någon gammal alkemists skatter – en djupare förståelse för varandra och världen omkring dem.

Med tiden blev Brunnsby en plats där människor värderade både det gamla och det nya, där tradition och innovation gick hand i hand. Linnea, som nu var en respekterad och älskad del av stadens liv, fortsatte att sprida glädje och visdom genom sina besök i trädgården och sin vänskap med fru Olsson. De visste att livet var en ständig resa av upptäckter och lärande, och de såg fram emot att utforska de nya mysterier som framtiden kunde ha att erbjuda.

The Butterfly's Enigma

In the small town of Brunnsby, where rivers meandered through the landscape and greenery spread like a living carpet, lived an unusual bird named Linnea. Linnea was not like the other birds in town; she was a beautiful hummingbird with feathers in all the colors of the rainbow. She had settled in the old oak tree that stood in the heart of the town, and her presence had become a part of the town's charm and daily life.

Linnea was known for her ability to brighten even the grayest days with her shimmering feathers and gentle song. She had a particular fondness for visiting the small garden of the kind elderly lady, Mrs. Olsson. Mrs. Olsson was a woman who loved flowers, and her garden was a vibrant place filled with abundant blooms and plants. Linnea always had a reason to visit the garden every day, and she had developed a special bond with Mrs. Olsson, who often put out small bowls of nectar for the little bird's enjoyment.

One morning, as Linnea fluttered around the garden enjoying the fresh air, she noticed something unusual. On the ground at the base of an old rose bush lay a small, shiny object. Curious, Linnea flew down and examined it. It turned out to be a small, old key, carefully nestled among the leaves. The key was adorned with intricate patterns and appeared to be very old.

Linnea had never seen anything like it before, and her bird heart fluttered with curiosity. What could this key be for? And why was it lying here, in Mrs. Olsson's garden? She took the key back to her nest in the old oak tree and began to ponder the mystery she had discovered.

All day, Linnea flitted back and forth between her nest and the garden, hoping to find some clue that could explain the key's origin. By evening, as the sun began to set and dusk fell over the town, Linnea saw Mrs. Olsson sitting on a bench in the garden, gazing up at the stars.

Linnea flew down and perched on a branch near Mrs. Olsson, who noticed the little bird and smiled warmly. "Hello, Linnea," Mrs. Olsson said. "What seems to be troubling you today? You look so thoughtful."

Linnea chirped to get Mrs. Olsson's attention and dropped the key in front of her. Mrs. Olsson bent down and picked up the little key. Her eyes widened in surprise. "Where did you find this?" she asked, her curiosity mirroring Linnea's own.

Linnea chirped to explain that she had found the key by the rose bush. Mrs. Olsson became serious and began to think deeply. "This key," she said after a moment, "looks like a key I've heard about in an old story my grandmother used to tell me. It's said that there is a secret chamber somewhere in our town that once belonged to an old alchemist. If this key truly is from that chamber, we might uncover something amazing."

Linnea chirped eagerly and followed Mrs. Olsson as she began to walk around the garden, pondering where the key might fit. They realized that there was an old stone wall that had once been part of a garden, now covered with wild vines and moss.

With great effort and care, Mrs. Olsson started to clear away the moss and vines from a specific part of the wall where the keyhole seemed to fit. Once they were done, she carefully inserted the key into the old lock. The key fit perfectly, and with a soft click, a small door in the wall opened.

Inside the secret chamber was an old, dusty but beautiful bookshelf filled with books, old maps, and mysterious artifacts. In the dim light, they could see that the chamber was filled with what seemed to have been hidden for many years. Linnea flew around the chamber and landed on an old book lying on a table in the center of the room.

Mrs. Olsson carefully opened the book and began reading aloud. It turned out to be a diary from the old alchemist. The diary described experiments and thoughts on the mysteries of nature, on how to transform ordinary materials into something valuable and powerful. Among the many pages were also detailed sketches and notes on how to create a special potion that would grant wisdom and insight.

Linnea and Mrs. Olsson were fascinated by the old descriptions and decided to investigate whether any of the alchemist's experiments might still be relevant. They gathered the ingredients and materials described in the diary and began experimenting according to the old instructions.

It was a long and complex process, but after weeks of work, they managed to recreate the special potion. When they tried the potion, it was clear that it had a unique effect. It provided a clear and deep understanding of nature's secrets and enhanced their comprehension of the world around them.

News of the magical potion spread quickly through the town, and people from near and far came to experience it. Linnea became a celebrated symbol of the discovery, and her friendship with Mrs. Olsson was known throughout the town.

But Linnea and Mrs. Olsson knew that the real magic was not in the potion, but in the friendship and cooperation that had led them to this discovered secret. They had found something worth more than any old alchemist's treasure—a deeper understanding of each other and the world around them.

Over time, Brunnsby became a place where people valued both the old and the new, where tradition and innovation went hand in hand. Linnea, now a respected and beloved part of the town's life, continued to spread joy and wisdom through her visits to the garden and her friendship with Mrs. Olsson. They knew that life was a continuous journey of discovery and learning, and they looked forward to exploring the new mysteries that the future might bring.

Den Blåsiga Dagen i Lindby

Det var en ovanligt blåsig dag i den lilla byn Lindby, en sådan dag som invånarna skulle minnas länge. Vinden kom plötsligt och oväntat, som om någon öppnat en gigantisk port till himlen och låtit den kalla luften strömma in över det annars så stillsamma landskapet. Träden böjde sig, och löven dansade vilt i luften som en balett utan koreografi.

I mitten av Lindby låg en liten bokhandel, ägd av den charmiga och tankfulla Ella. Hennes bokhandel var inte bara en plats för att köpa böcker utan också ett samlingsställe för byns invånare. Här kunde man alltid hitta en kopp varm te och ett vänligt samtal. Ella var en kvinna i 50-årsåldern, med ett lugn och en värdighet som var sällsynt. Hennes gråa hår var alltid uppsatt i en prydlig knut, och hennes glasögon vilade på näsan när hon läste eller skrev.

Denna blåsiga dag stod Ella vid fönstret och såg ut över torget. Hon kunde se hur vinden slet i skyltar och hur människor kämpade för att hålla sina hattar och halsdukar på plats. Ett leende spred sig över hennes ansikte när hon såg hur några barn sprang efter en bortblåst mössa, skrattande trots att vinden nästan fällde dem.

Plötsligt öppnades dörren med ett ryck, och vinden svepte in i bokhandeln, nästan som om den hade en egen vilja. In kom en ung kvinna, andfådd och med håret i oordning. Hon kämpade för att stänga dörren bakom sig och lyckades till slut med ett kraftigt ryck.

"Åh, vilken dag!" utbrast hon med ett skratt. "Det känns som om vinden vill blåsa bort hela byn!"

Ella log och hälsade henne välkommen. "Välkommen, Agnes. Jag hoppas att vinden inte ställde till med allt för mycket problem för dig."

Agnes, som var nyinflyttad till Lindby, skakade på huvudet och log. "Nej, jag är mest förundrad över hur stark vinden kan vara här. Jag är van vid storstaden där vinden känns mer kontrollerad, på något sätt."

Ella nickade och erbjöd henne en kopp te. "Ja, vinden här kan vara ganska överväldigande. Men det är en del av Lindbys charm. Sätt dig ner och värm dig lite."

Agnes tackade och satte sig vid ett av de små borden i bokhandeln. Hon såg sig omkring och kände en plötslig värme sprida sig inom henne. Bokhandeln var fylld med gamla böcker, doften av papper och bläck blandades med doften av te. Det var en plats där tiden verkade stå stilla, en fristad från den kaotiska världen utanför.

Medan de satt där och samtalade om livet i Lindby, öppnades dörren återigen, och in kom en man i medelåldern med en stor, yvig mustasch. Han hade på sig en tjock kappa och en mössa som han höll hårt i handen för att inte tappa den i vinden.

"God dag, Ella! Och vem är den nya gästen?" frågade han med en varm röst.

Ella presenterade Agnes för mannen, som visade sig vara Harald, en av byns mest färgstarka karaktärer. Harald var känd för sina historier och sin förmåga att fånga publiken med sina berättelser. Han satte sig vid bordet och började berätta om sina äventyr på sjön, om stormar som varit värre än dagens blåst och om hur han alltid lyckades hitta tillbaka till Lindby, oavsett väder.

Medan Harald pratade, fylldes bokhandeln långsamt med fler människor som sökte skydd från vinden och samtidigt njöt av Ellas gästfrihet. Snart var det fullt av liv och rörelse, och det hördes skratt och samtal överallt.

Mitt i all denna aktivitet märkte ingen att vinden plötsligt hade mojnat. Det var som om den bara hade varit en bakgrund för att föra byns invånare samman, för att skapa ett ögonblick av gemenskap och värme i den lilla bokhandeln.

När kvällen kom och mörkret föll, började människorna lämna bokhandeln, en efter en. De tackade Ella för hennes gästfrihet och lovade att komma tillbaka snart igen. Agnes, som nu kände sig mer hemma i Lindby än någonsin tidigare, stannade kvar för att hjälpa Ella med att stänga och städa upp.

"Det var en underbar dag," sa Agnes medan hon sopade golvet. "Jag har aldrig känt mig så välkommen någonstans tidigare."

Ella log och klappade henne på axeln. "Det är så vi är här i Lindby. Vi tar hand om varandra, speciellt på blåsiga dagar."

När bokhandeln äntligen var stängd och alla lampor släckta, gick Ella och Agnes ut på gatan tillsammans. Vinden hade nu helt avtagit, och en fridfull tystnad hade lagt sig över byn. De gick sakta genom de smala gränderna, och Agnes kände en djup tacksamhet för att ha funnit en plats där hon kunde känna sig hemma.

Dagen hade börjat med en kraftig vind, men hade slutat med en känsla av gemenskap och vänskap som skulle hålla länge. Och så var det i Lindby; även de mest oväntade händelserna hade en tendens att föra människor närmare varandra och skapa minnen som varade livet ut.

The Windy Day in Lindby

It was an unusually windy day in the small village of Lindby, a day that the inhabitants would remember for a long time. The wind came suddenly and unexpectedly, as if someone had opened a gigantic gate to the sky and let the cold air rush over the otherwise tranquil landscape. The trees bent, and the leaves danced wildly in the air like a ballet without choreography.

In the heart of Lindby stood a small bookstore, owned by the charming and thoughtful Ella. Her bookstore was not just a place to buy books but also a gathering spot for the village's inhabitants. Here, one could always find a cup of warm tea and a friendly conversation. Ella was a woman in her fifties, with a calm and dignity that was rare. Her gray hair was always neatly tied in a bun, and her glasses rested on her nose when she read or wrote.

On this windy day, Ella stood by the window, looking out over the square. She could see how the wind tugged at signs and how people struggled to keep their hats and scarves in place. A smile spread across her face as she saw some children running after a blown-away hat, laughing even though the wind nearly knocked them over.

Suddenly, the door flew open with a jerk, and the wind swept into the bookstore, almost as if it had a will of its own. In came a young woman, out of breath and with disheveled hair. She struggled to close the door behind her and finally succeeded with a strong pull.

"Oh, what a day!" she exclaimed with a laugh. "It feels like the wind wants to blow away the whole village!"

Ella smiled and welcomed her. "Welcome, Agnes. I hope the wind didn't cause you too much trouble."

Agnes, who was new to Lindby, shook her head and smiled. "No, I'm just amazed at how strong the wind can be here. I'm used to the city where the wind feels more controlled somehow."

Ella nodded and offered her a cup of tea. "Yes, the wind here can be quite overwhelming. But it's part of Lindby's charm. Sit down and warm yourself a bit."

Agnes thanked her and sat down at one of the small tables in the bookstore. She looked around and felt a sudden warmth spread within her. The bookstore was filled with old books, the scent of paper and ink mingled with the smell of tea. It was a place where time seemed to stand still, a sanctuary from the chaotic world outside.

As they sat there discussing life in Lindby, the door opened again, and in came a middle-aged man with a large, bushy mustache. He wore a thick coat and a hat that he held tightly in his hand to keep it from being blown away by the wind.

"Good day, Ella! And who is the new guest?" he asked in a warm voice.

Ella introduced Agnes to the man, who turned out to be Harald, one of the village's most colorful characters. Harald was known for his stories and his ability to captivate an audience with his tales. He sat down at the table and began to recount his adventures on the lake, about storms worse than today's wind, and how he always managed to find his way back to Lindby, no matter the weather.

As Harald talked, the bookstore slowly filled with more people seeking shelter from the wind and enjoying Ella's hospitality. Soon it was full of life and activity, and laughter and conversation could be heard everywhere.

Amidst all this activity, no one noticed that the wind had suddenly died down. It was as if it had just been a backdrop to bring the village's inhabitants together, creating a moment of community and warmth in the small bookstore.

As evening came and darkness fell, people began to leave the bookstore, one by one. They thanked Ella for her hospitality and promised to return soon. Agnes, now feeling more at home in Lindby than ever before, stayed behind to help Ella close up and tidy the place.

"It was a wonderful day," said Agnes as she swept the floor. "I've never felt so welcomed anywhere before."

Ella smiled and patted her on the shoulder. "That's how we are here in Lindby. We take care of each other, especially on windy days."

When the bookstore was finally closed and all the lights were turned off, Ella and Agnes stepped out onto the street together. The wind had now completely subsided, and a peaceful silence had settled over the village. They walked slowly through the narrow alleys, and Agnes felt a deep gratitude for having found a place where she could feel at home.

The day had begun with a strong wind but had ended with a sense of community and friendship that would last a long time. And that was how it was in Lindby; even the most unexpected events had a tendency to bring people closer together and create memories that lasted a lifetime.